별을 품은 사람들의
시간여행

강 영 일 시집

별을 품은 사람들의
시간여행

강 영 일 시집

지성의샘

머리글

밤하늘의 별을 보며

　반짝이는 밤하늘의 별은 참 아름답습니다.
　별이 아름다운 이유는 세상사람 누구나 마음껏 볼 수 있고 친구가 될 수 있기 때문입니다. 밤하늘의 별빛은 있는 자 없는 자 가리지 않고 남녀노소 차별 없이 볼 수 있고 변함없는 사랑을 줍니다. 그리고 누구나 가슴 속에 별 하나씩 품고 살 수 있습니다.
　세상사람들이 고요히 잠들어 있는 밤, 찬란히 쏟아지는 별빛에 흠뻑 젖어 보세요. 미움, 증오, 괴로움이란 단어는 이미 사치입니다.
　별을 사랑하는 마음으로 세상 모든 것을 사랑하며 더불어 살아가고 싶습니다. 이 세상에 사랑만한 무기는 없습니다. 사랑은 이 세상 얼어있는 모든 것을 녹이고 무장해제 시킬 수 있습니다. 길 가는 나그네의 옷을 벗긴 것은 세찬 바람이 아니라 뜨겁게 내리쬐는 태양이었습니다.
　살아가며 남을 원망하고 탓하기보다는 용서와 화해 그리고 포용을 통한 화합으로 험난한 코로나 정국을 벗어났으면 하는 마음으로 소소한 마음의 선물을 준비했습니다.
　선물은 주는 사람의 마음보다 받는 사람의 마음이 더 중요하다는데 부담되지 않고 용기와 희망을 주는 작은 선물이 되었음 좋겠습니다.

인생사 희로애락이라 했습니다. 사람이 살면서 기쁨과 분노, 슬픔과 즐거움이 어찌 없겠습니까! 삶이란 기쁨과 슬픔을 씨줄 날줄로 엮어서 한 필의 베를 완성해 가는 과정이라 했습니다. 아무쪼록 저의 작은 선물이 여러분들의 아름다운 인생의 베 한 필을 완성하는데 조금이나마 도움이 되었으면 합니다.

이 글이 나오기까지 도움 주신 경기문협의 김건중 선생님과 이예지 회장님, 경기문협, 성남문협 회원님들, 그리고 이현고 선생님들과 제자 여러분들께 감사를 드립니다.

끝으로 하늘나라에서 보고 있을 사랑하는 큰 딸 샛별, 의젓한 재간둥이 동생 은별(혜원), 함께 용기 내어 살아준 집사람, 졸수(90)에 가까운 어머니와 형제들, 아울러 독자 여러분께 감사드리며 이 선물을 드립니다.

2021년 9월 이천 애련정에서
강영일

시집에 부쳐

조용한 반란

김 건 중 (소설가·한국작가협회장)

강영일 시인과의 인연은 20년이 넘는다.
그동안 그의 창작활동과 문학활동을 지켜본 필자는 그가 성실한 시인이라는 생각이다.
여기서 성실하다는 의미는 자신을 내세우려 하지 않고 묵묵히 자신의 자리에서 꾸준히 뚜벅 뚜벅 시인의 길을 걸어왔다는 의미다.
강시인은 고등학교 교사로서 학교생활이 만만치 않음에도 불구하고 틈새 시간에 시를 쓰고 문학활동을 한다는 것은 일상의 생활에서 결코 쉬운 일이 아닌 것이다.
이런 그의 시 세계를 살펴보면 민초들의 삶의 세계가 깊이 자리하고 있다. 일상의 삶에 순응하는 것 같으면서도 그 순응 속에 웅크리고 있는 저항의식은 활활 타오르는 성화같은 느낌으로 다가오고 있으며 서술하듯 풀어 놓은 시어들은 그의 내면에 자리한 저항의식을 드러내놓은 시의 메타포인 셈이다.
조용한 반란이라 부르고 싶은 그의 시 행간 행간에서 튀어 나오는 말없는 소리는 응축되어 펴지 못했던 그의 큰 기지개를 대변하는 것이다.

몇 해 전 불의의 사고로 큰 딸을 잃고 가계 또한 어렵게 되어 그의 가슴은 무너질 듯한 자신을 지키기 위해 시를 통해 위로 받고, 가끔 불같이 일어나는 세상에 대한 나름의 아쉬움을 술잔이 아닌 시로 달래기도 했으리라 짐작된다.

말없는 싸움, 내면에서 솟아오르는 삶에 대한 분노를 다스릴 수 있었던 것은 처절한 자신과의 싸움에서 일어설 수 있었기에 가능했다고 미루어 짐작하게 한다. 그래서 그의 시에는 나름 삶에 대한 철학과 의식이 있고 힘이 있어 독자와의 공감대를 형성할 수 있다고 생각한다.

시가 무엇인가, 인간의 감성 속에 자리한 농밀한 앙금이 아니던가. 강시인은 바로 그 농밀한 앙금을 길어 올려 자신이 살고 있는, 또한 사람들이 살아가고 있는 진솔한 소리를 울림으로 전하고 있는 것이다.

끝으로 이 시집 상재로 마음의 상처를 털고 새로운 미래로 향하는 변곡점이 되길 빌며 시집 출간을 축하드린다.

2021. 가을

Contents

■머리글 / 밤하늘의 별을 보며 · 4
■시집에 부쳐 / 조용한 반란 · 6

1 사랑과 이별

별의 순간 · 13
수세미의 꿈 · 14
사랑이란 · 15
목선(木船)의 포란 · 16
민들레의 사랑법 · 17
바가지론 · 18
개나리꽃이 피었습니다. · 19
사랑의 계단 · 20
그리움 · 21
울릉도에서 온 편지 · 22
인연 · 24
행복 · 26
사랑의 법칙 · 27
사랑의 연산법 · 28
카우리 나무의 사랑 · 29
어둠과 빛 · 30
세월의 향기 · 31
겨울나무의 고백 · 32
사랑한다는 말 · 33
언어의 비밀 · 34
기다림의 미학 · 35
별을 품은 사람들의 시간여행 · 36
빨랫줄의 소원 · 37

Contents

2 용서와 화해

폐품시리즈 1 · 41
폐품시리즈 2 · 42
모닥불 · 43
잃어버린 숟가락 하나 · 44
몽당연필의 귀환 · 46
나침반이 살아가는 이유 · 48
출발선이 있다면 · 49
아빠의 편지 1 · 50
아빠의 편지 2 · 53
대나무를 보며 · 54
하늘고기 · 55
그루터기 · 56
손님 · 57
슬픈 호수 · 58
아버지의 자화상 · 59
발자국 · 60
흔들리는 나무 · 61
꽃다움 · 62
꽃 · 63
아버지의 손 · 64
아버지의 지게 · 65
아버지의 달력 · 66
산소 가는 길 · 68

Contents

③ 화합과 미래

시침론 · 71
이팝 찬치 · 72
소금꽃 · 74
형광등 · 76
블랙보드 · 77
시험 · 78
시계(時計)의 관점 · 79
이방인의 하루 · 80
살아있다는 것은 · 82
산다는 것은 · 83
풀벌레 소리 · 84
옷걸이 · 85
섬 · 86
뭉게구름 · 87
목엣가시 · 88
마지막 잎새 · 89
타임머신 · 90
교실 풍경 · 91
제자의 눈물 · 92
제자의 거짓말 · 93
착각이 낳은 오해 · 94
네잎클로버 · 95
가을 도서관 · 96
태평동 사람들 · 98

제1부

사랑과 이별

별의 순간

정치권의 이슈로 혜성처럼 등장한 별들의 전쟁

누군가에겐 운명을 바꿔줄 기회의 순간
꿈과 야망을 펼칠 약속된 미래의 시간

마음의 상처가 옹이로 남아있는 사람들에겐
순간순간 숨막히는 멈춤의 시간, 정지의 시간
'무궁화꽃이 피었습니다' 가위 바위 보

언어는 시시각각 변하는 변온동물이다.

수세미의 꿈

까칠한 성격 탓으로 친구가 없다.
가슴 숭숭 뚫린 헛바람 난 친구

오이도 아닌 것이
호박도 아닌 것이

갖은 구박, 온갖 설움
장맛비에 곪아터진 당신의 속마음

청아한 가을추수 끝물이면
누군가의 도우미로 살아가는 건 참 아름다운 일이다.

사랑이란

사랑이란 다리에 상처 났을 때 치료해 주는 의사가 아니다.
'많이 아프지!' 토닥여 주고 위로해 주는 두껍손이 필요한 것.

교통사고가 났을 때 해결사로 달려오는 경찰아저씨, 보험설계사도 아니다.
'당신 안 다쳤어?', '괜찮아!' 위로의 말이 듣고 싶은 것.

마음의 상처를 입었을 때 유명한 심리치료사가 필요한 게 아니다.
'여보 힘들지?' 라며 꼭 안아주고 이야기 들어주는 것.

사랑이란 서로에게 등 돌리지 않고 마주보면서 오래도록 함께하며 서로의 눈물을 닦아 주는 것.

사랑이란 한 쌍의 비익조 되어 서로의 눈과 날개가 되어 아침마다 서로의 심장 소리를 듣는 것.

사랑은 값비싼 화이자 백신이 아니라 상처 났을 때 자연스레 붙여주는 대일밴드다.

목선(木船)의 포란

박물관 한 모퉁이에서 그녀를 만났다.
백자, 청자, 금은보화, 이름도 유명한 삼국의 미녀들 사이 뻐꾸기 탁란하듯
낯설게 누워 실핏줄 터지는 햇살에 포란(抱卵)을 하고 있었다.

500년 전 한 사내를 품어내기 위하여 깊은 산중 피아골 피나무의 혈서 한 장에 눈멀어 비익조의 연을 맺었다.

눈 짓무르도록 아련한 뱃노래에
아라 뱃길, 영산포 뱃길, 섬진강 뱃길 3남매를 품어오면서
서해바다에 닿지 못한 그리움의 말줄임표는
서녘하늘 갈매빛 갈매기로 날아들었다.

긴 장대 하나 기둥서방 삼아 서슬 퍼런 강의 늑골을 빼먹으며
장보고의 후예로 강과 바다를 누볐을 그녀의 종착역은
불빛 화려한 박물관의 환영이 달갑지 않았다.

검버섯 뭉게뭉게 피어오르는 가녀린 그녀의 몸 안에서는
귀환을 서두르는 뱃사공의 아련한 노랫가락이 숙주로 자라고
아직도 못 다한 세월을 비슬산 묵언으로 수행하고 있었다.

민들레의 사랑법

고개 들어 남을 비난하거나 부러워한 적 없고
작고 못났다고 자책하거나 남을 시기한 적 없는 그녀는 선녀
숱한 구둣발 아래 수줍어 얼굴 붉히고
낮은 구도자의 자세로 아침 기도를 올립니다.

노랗고 하얀 치아 사이로 드러난 환한 웃음
10원 짜리 동정도 필요 없소.
당신의 억울함, 분함, 서글픔이 풀린다면
외로운 선자령의 풍차로 돌겠소.
말 못할 억울함으로 화가 나면 가끔 구둣발로 짓이겨도 좋소.
명주실처럼 질긴 나의 목숨 사형장의 단두대라도 두렵지 않소.

찬거리 변변치 않은 어느 날
당신의 찬거리로 초대하여도 좋소.
향초 내음 그윽한 당신 곁이라면.

바가지론

남들은 나를 배알도 없는 속빈 놈이라고 비웃는다.
이 세상에 속없이 태어난 사람 있을까마는
박씨 가문의 장자로 태어나
글줄께나 읽은 선비로 흥부전을 섭렵한 바 있다.
씨 잘 여물고 속이 꽉 찬 달덩이 같은 훤한 인물로
한때는 1등 신랑감 소리를 들어가며 살아왔다.

보릿고개 기승을 부리던 초여름
가난한 흥부 부부의 서슬 퍼런 톱날에
통통한 몸뚱아리 두 동강이 난 후에
속살과 내장까지 내어주고 속없이 살아왔다.

때론 세상 근심 훌훌 털어
시류의 미풍에 날리고 속빈 바가지로 살고 싶다.
허한 가슴에 국수 한 그릇 가득 담아
농부 허기를 달래고
길가는 나그네 불러 모아 막걸리 한 잔
저녁나절 이웃집 아낙네 바가지 긁는 소리,
순종을 미덕으로 살아온 아내의 박박 긁는 잔소리에
속 허연 박들이 입을 삐죽거리고 있었다.

개나리꽃이 피었습니다
―팽목항에서

  노란 개나리 끝물 다한 팽목항에 때 아닌 노란 꽃물결이 출렁입니다.
  부처님 오신 날도 예수님 오신 날도 아닌데
  진도 팽목항에서 시작된 노란 슬픔의 물결이 쓰나미 되어 지구를 강타하고 있습니다.
  목엣가시로 걸려버린 불완전한 언어들이 성난 파도로 일어서고 있습니다.
  '미안합니다. 죄송합니다. 지켜주지 못해 정말 죄송합니다.'
  공허한 메아리만이 302구의 주검을 위한 진혼곡으로 울리고 있습니다.
  아이들의 울타리요, 보호막이기를 포기한 어른들의 부끄러운 세상.
  어른은 아이들의 무기요, 흉기로 변해버린 세상.
  본분을 망각한 양심 없는 어른들의 비수에 꽃도 피우지 못한 어린 영혼들이
  '끼룩끼룩' 칠흑의 밤바다에 괭이갈매기 울음을 토해내고 있습니다.

사랑의 계단

사랑에도 계단이 있을까요?
하나 둘 오르다 보면
쉬어갈 수 있는 정자도 있고
물고기 뛰노는 연못도 있고
아기 천사 되어 하늘에 닿을 수 있는 사랑의 계단.

천국행에도 계단이 있을까요?
용서, 화해, 뉘우침의 계단
한 발 한 발 오르다 보면
종착역이 보이는 목 좋은 사통팔달의 길목으로
잠시 쉬었다 가는 휴게소가 있을까요?

지옥행에도 계단이 있을까요?
본분을 망각한 자
양심을 저버린 자
남의 피눈물 흘리게 한 자
남의 영혼을 앗아간 자
지옥행 티켓은 고속 편도로 주세요.
계단은 너무 지루해요. 미사일, 로켓포로 쏘아 올려주세요.

그리움

당신이 나를 애타게 부르고
내가 당신을 애타게 불러도
서로의 주파수 맞지 않아
치짓치짓 애끓는 소리만 들리네.

당신이 나를 지그시 내려다보고
내가 당신을 그윽이 올려다보아도
이승과 저승의 돋보기
초점이 맞지 않아
볼 수 없고 만질 수 없네.

그리움의 씨앗 한 톨
면화송이로 피워내어
이두 구결, 자음 모음
물레로 뽑아내어
씨줄 날줄 엮어 보아도
풀 수 없는 그리움의 수수께끼

울릉도에서 온 편지
―독도를 그리며

물질하러 나간 막내가 그리워 편지를 띄웁니다.

수평선 너머 닿을 수 없는 그리움에
발치 끝 외로운 섬 하나 우담바라 꽃이 되었습니다.
시간이 멈칫한 저편 마을에도
물안개 피어오르고 산호초 숨소리도 들리겠지요.

사자바위 벗 삼아
물오리, 슴새, 바다제비, 괭이갈매기
오손도손 모여 삶의 이야기 나누며
일 년 열두 달 달거리의 무게로
지친 날개 펄럭이며 살아가는 곳.

모락모락 피어나는
물안개 치맛단 부여잡고
자맥질하는 외로운 섬 하나
포효(咆哮)하는 반도(半島)의 막내로 태어나
푸른 설움 색 고운 물감으로 풀어두고
형형색색 심해 속 해조류, 산호초 풍경이 되었습니다.

기나긴 동면에서 갓 깨어난 코끼리바위
정화수 한 대접에 에메랄드 빛 하늘
초례청 차일(遮日)로 드리워 놓고

촛대바위에 청사초롱 불 밝히니
동도, 서도 그리움의 연리지 인연으로
사랑의 비익조(比翼鳥) 한 쌍을 낳았습니다.

서로의 빈 공간을 보공(補空)처럼 채워가며
외눈 외날개로 비상의 나래를 펼쳤습니다.

나라 잃은 설움 탓에
수명(壽命) 다한 가전도구(家電道具)처럼 버려진 채
기억에서마저 희미해진 망각(妄覺)의 세월(歲月)들

물찬 은갈치 한 마리 숫돌바위에 은원의 날을 벼리고
역사의 소용돌이 속에서 사라진
가제바위 강치의 푸른 설움 무당굿으로 풀어냅니다.

열 손가락 깨물어 아프지 않은 손가락 없다지만
막내를 생각하면 애간장이 녹아내립니다.

엄마의 정 그리워
까치발로 고개 내미는 사랑의 섬 우산도의 강치를 보셨습니까?
그리움에 까맣게 타버린 심장 하나 운석처럼 날아들어
눈물 그렁그렁한 밤하늘의 샛별이 되었습니다.

인 연

찬바람이 가슴을 에는
2013년 어느 겨울
동물을 좋아하고
하고 싶은 일이 유난히 많던
스무 살 딸아이가 밤하늘의 별이 되던 날
슬픔의 긴 터널 속에서
길을 잃고 헤맬 때
바람처럼 찾아온 친구가 있었다.

불의의 사고로 딸아이를 잃고
빈자리가 거대한 싱크홀로 다가올 때
동물을 별로 좋아하지 않던 나였지만
앙증맞게 꼼지락대는 미니푸들의 재롱과
초롱초롱한 그의 눈망을 외면할 수 없었다.

우울하고 공허할 때 다정한 친구가 되고
외롭고 적적할 때는 말을 걸어주는 친구
삶의 외톨이로 괴로워하고
이별의 고통으로 눈물 흘릴 때
말없이 닦아주고 위로해 주는 다정한 친구

심장이 터질 듯 답답하고 먹먹할 때
초롱초롱한 눈망울은 삶의 영양제가 되고

이별의 아픔으로 고통 받을 때
아픈 곳 구석구석 긁어주는 효자손 이다.

초코는 영원한 우리 가족 심리치료사

행 복

행복은 무색무취의 생물
색깔도 형태도 없이
잠시 손님으로 머물다
바람처럼 사라지는 옛 친구들

행복은 잡으려고 쫓아가면
더 멀리 도망가는 성질 괴팍한 친구
무관심한척 삐쳐 있으면
살금살금 다가오는 술래 친구

행복은 실험실의 드라이아이스

사랑의 법칙

눈이 짓무르도록 바라보아도
가슴시리도록 애타게 그리워해도
보호색 드러내지 않는 카멜레온 친구

고백이란 시약을 넣지 않으면
실험실의 리트머스 시험지처럼
자신의 색깔을 드러내지 않는 심성 고약한 친구

사랑은 과학이다.

사랑의 연산법

여자친구가 남사친과 여행가도 되냐고 물어올 때
쿨하게 '그러던가…'라고 말한 후
그녀와 쿨하게 헤어졌다.

여자친구가 남사친이 목걸이 사준다는데 받아도 되냐고 물어올 때
통 크게 '마음대로 해'라고 말한 후
그녀와 통 크게 헤어졌다.

사랑이 떠난 후 사랑의 진리를 알았다.
상대에 대한 지나친 배려와 이해는 상대방을 불편하게 만들고
'쿨하게, 통 크게'라는 언어학적 기호는 항상 플러스 성질만을 띠지 않다는 사실

그리고 사랑에는 반드시 공감노트가 필요하다는 사실.

카우리 나무의 사랑

숲의 아버지라 불리우는 뉴질랜드 북섬
사랑꾼 카우리 나무의 절절한 사랑이야기

대가족이 군락을 이뤄 오순도순 함께 살아가는 곳
수천 년 전 불의 섬 낯선 계곡에 표류하여
외롭게 하늘바라기로 살아온 그들

사랑의 섬 와이포우아 숲은 아가페 사랑의 산실
주렁주렁 딸린 자식 어미의 발부리 부여잡고
삶의 끈 놓을 수 없어 사랑의 연리지 되었네.

세월의 무게에 잎과 줄기 자식들에게 내어주고
거친 화산섬 자락에서 밑동으로 살아남은 어미 등걸
뿌리 깊은 효심으로 수천 년이 넘도록 죽지 않고 살아간다
는 전설 같은 이야기

나도 효심 깊은 한 그루의 카우리 나무가 되고 싶다.

어둠과 빛

빛과 어둠은 서로를 먹고 살아가는 숙주생물이다.

빛과 어둠은 출신성분이 다르다.
남북으로 이어진 대척점이다.

서로 고고한 척 날을 세우고
죽일 듯 싸우다가도
양날의 검처럼 은근슬쩍
영롱하고 청초한 연꽃을 덤으로 피워 올린다.

우리의 사랑도 닮았다.

세월의 향기

묵을수록 맛이 있다.
비린 것은 덜 익어서 그렇고 아린 것은 덜 숙성된 것이다.
세월의 기다림은 인생의 묘약이다.

씹을수록 단맛이 난다.
떫고 쓴 것은 씹는 인내심이 부족함이요, 기다림이 부족한 탓이다.
내면 깊이 인내심을 갖고 들여다보아야 그 사람이 보인다.

보면 볼수록 눈부신 사람
만나면 만날수록 보고픈 사람

바로 당신입니다.

겨울나무의 고백

외로운 친구에게 따스한 손길 한번 건넨 적 없다.
추위에 떠는 친구를 위하여 따스한 옷 한 벌 건네지 못했다.
배고픔에 시달린 친구에게 따스한 밥 한 공기를 주지 못했다.
외로움에 지친 친구를 위하여 따스한 체온을 나눠주지 못했다.

눈물 많은 당신은 겨울나무가 아닙니다.

사랑한다는 말

나 어떻게 생각해
여자 친구가 물었다.

응 괜찮아!
쑥스럽게 답했다.

언제부턴가 금지어가 되어버린
'좋아해', '사랑해' 라는 말이
혀 속의 바람개비로 돌다가 멈춰버렸다.

얼마 후
그녀는 소문 없이 떠났다.
사랑도 살아있는 생물인가 보다.

언어의 비밀

인생에서 자신을 무너뜨리는 마약 같은 단어는
'다음'이고
인생에서 자신을 불행에 빠뜨리는 달콤한 언어는
'내일'이다.

삶에서 자신을 수렁에서 건져낸 언어는
'오늘'이고
삶에서 자신을 성공의 길로 이끈 최고의 언어는
'지금'이다.

언어는 당신을 조종하는 마술사.

기다림의 미학

성공에 너무 목말라 하지 마세요.
노력에 너무 조급해 하지 마세요.
부에 너무 조금하게 현혹되지 마세요.

기다려 주세요.
더 큰 꿈을 꾸세요.
더 큰 야망을 가지세요.

당신은 모소대나무입니다.

* 모소대나무 : 4년 동안 기껏 30센티미터 자라지만 5년이 되면 하루에 30센티미터씩 자라 6주 후 15미터로 급성장한다는 대나무

별을 품은 사람들의 시간여행

그립습니다.
보고 싶습니다.

씨줄 날줄
그리움의 고치
물레로 자아내어

밤새 수의(壽衣)를 짓습니다.

세월(歲月) 따라 바닷길로 떠난 당신(세월호 사건)
삼풍(三風)에 와르르 무너져버린 당신(삼풍백화점 붕괴사건)의 꿈
소처럼 드러누워 일어날 줄 모르는 당신(와우아파트 붕괴사건)의 육신(肉身)
차가운 한강에 성수(聖水)로 뿌려지신 당신(성수대교 붕괴사건)

누누이 되뇌이던 조상님의 말씀
물조심, 불조심, 바람조심, 사람조심
소귀에 경읽기 한 죄 너무 죄송합니다.

생과 사의 갈림길에서 길 떠나지 못하고
찰나에 불법체류자 신세가 된 억울한 주검들이
반짝반짝 빛나는 밤하늘의 별이 되어 과거로의 시간여행을 떠납니다.

빨랫줄의 소원

그녀에겐 번듯한 정장 한 벌이 없다.
위로부터 대물림이 내력이 되어
허름한 티셔츠에 청바지 패션

그녀의 손은 물기 마를 날이 없다.
가족들의 허드레 옷, 이불빨래
주부습진 가실 날 없네.

그녀의 소원은 정장에 넥타이 매고
케이블카 타보는 것.

제2부

용서와 화해

폐품시리즈 1
―자전거

 인적이 멈칫한 경안천변 숲 사이로 수명 다한 자전거 한 대 수줍게 고개를 내밀고 있었다.

 한때는 누군가의 사랑을 독차지했을 애장품, 누군가의 친구, 애인이었을 것이다. 따스한 손길과 눈길에 익숙했을 법한 그의 언어엔 버림 또는 이별이란 단어는 들어있지 않았다. 들어보지 못한 외계어였다.
 버림을 받는다는 것은 서글픈 일, 가슴 찢어질 일이다. 누군가로부터 잊혀진다는 것은 소름끼칠 일이다.

 내장이 다 드러난 갈색 안장은 윤기 없는 모습으로 거친 숨을 몰아쉬고 주인의 애틋한 사연 속에 세상을 어렵게 지탱해 왔을 그의 손바닥 지문은 종적 없이 사라지고 발바닥은 이미 평발이 되었다. 지친 모습이 역력한 그는 아직도 질주의 본능으로 한 길 높이 갈대숲을 넘나들고 있었다.

 역마살의 기구한 운명 탓에 평생을 떠돌이로 살아온 그는 생명의 끈도 인연의 끈도 내 것이 아닐진대 녹슨 체인에 묶여 옴짝달싹 못하고 있었다.

폐품시리즈 2
―고장난 뻐꾸기시계

내장 사이로 실핏줄 다 드러난 뻐꾸기 한 마리
가냘픈 시간의 겁 옆에 차고
60년대 고물상 한켠 낯선 보초병으로 서 있다.

24시간 경계를 마치고 봉인 해제된 뻐꾸기
가물가물한 기억의 편린(片鱗) 속에
숱한 과거의 시간들이 자맥질하고

뻐꾹! 뻐꾹!
다사다난했던 코로나 정국에 정든 둥지를 잃고
열두 식솔 거느린 숫자판 하나
뗏배처럼 건져들고 거리의 부랑아가 되었다.

어깨를 짓누르던 세월의 추를 내려놓고
팔자(八字)에도 없는 탁란(托卵)의 원죄 되어
구구구(999) 이집 저집 보시하는 비둘기가 되어갔다.

모닥불

누군가의 가슴에 불을 질러 본 적이 있는가!
누군가를 위하여 재가 되어 본 적이 있는가!
홀로서지 못하는 한 가닥의 지푸라기, 나뭇가지를 비웃지 마라

동사 직전 노숙자의 손을 잡아주고
아사 직전 기근자를 일으켜 세운 것은
한 줌의 따스하고 훈훈한 당신의 혼불
추위에 떠는 인부들의 가슴을 덥혀주고
못치기, 구슬치기에 꽁꽁 언 고사리 손을
살살 녹여준 건 사그라지지 않는 당신의 뜨거운 입김!

권세가의 힘도
가진 자의 사탕발림도
권력자의 내로남불 행태도 아니다.

홀로서지 못하는 힘없는 지푸라기
가냘픈 나뭇가지의 애틋한 사연들이 씨불로 모여
뜨겁게 사랑하고 뜨겁게 가슴앓이하다 한 줌의 재로
장렬히 산화한 당신은 의사자

나는 당신의 영원한 스토커!

잃어버린 숟가락 하나

익숙함에 길들여진 나는 기억상실증 환자다.
사각의 식탁에서 작고 앙증맞은 숟가락 하나 잃어버린 채 기억하지 못하고 일상처럼 밥을 먹고 잠을 자고 숨을 쉬며 살아가는 나는 네 발 달린 짐승이다.

아침마다 기지개를 켜고 엄마별 아빠별 아가별 밤하늘의 별을 세고 없어진 숟가락은 기억하지 못한 채 꿈과 현실의 괴리 속에서 살아가는 나는 분명 중증환자다.

큰 숟가락 하나, 둘. 작은 숟가락 하나, 둘 부엉이 셈치기도 아니고 기껏해야 합이 넷. 알파고의 바둑판 닮은 식탁 네 귀퉁이에서 보이지 않는다.
기억력이 떨어진 탓일까? 기력이 쇠한 탓일까? 눈을 씻고 보아도 보이는 것은 환영뿐이다.

수저통을 깡그리 뒤져도 살강을 샅샅이 뒤져도 살찐 바퀴벌레만 수염인사를 할 뿐 흔적 없이 사라진 숟가락 하나. 개수대의 내장을 속속들이 들춰내도 더러운 오물의 악취만 진동할 뿐 작고 예쁜 앙증맞은 숟가락 하나는 보이지 않는다.

숨이 멎을 것 같다.
미세한 진통 끝에 밤하늘의 샛별이 새벽이슬로 내린다.

밤새 술래잡기를 한 탓인지 갈증이 나고 현기증이 일었다.

가물가물한 의식 너머로 의사선생님의 반가운 목소리가 들렸다.
"당신은 알츠하이머병 환자입니다."

몽당연필의 귀환

뾰족하게 날 선 상태로 살아가야 하는 그녀의 삶은 고달프다. 가련한 몸매에 검은 대못 하나 심장에 품고 살아가야 하는 그녀는 아픔이 있다.

새까맣게 타들어간 흑심(黑心)만큼이나 한이 많은 그녀는 의도치 않은 세치 혀로 순간순간 많은 사람을 아프게 했고 슬프게 했다. 어떤 친구는 심하게 마음을 다쳐 절필 선언을 하고 출가를 결심하기도 했다.

이 모든 행위가 그녀의 탓만은 아니다. 그녀를 사탕발림으로 꼬드겨 이용한 사람들과 그녀에게 허황된 꿈을 풍선처럼 불어 넣어준 세상 탓이기도 하다.

그녀도 한때는 잘 나가는 12자매의 소문난 딸 부잣집 공주였다. 날씬하고 향기로운 자태로 뭇사람들의 시선을 한 몸에 받으며 자라왔다. 앳된 처녀의 몸으로 방물장수의 손에 이끌려 고향을 떠나면서 그녀의 비운은 시작되었다. 그녀는 예리한 칼날에 아랫도리를 난도질당한 채 피를 흘리며 쓰러지기 수십, 수백 번.

타국 땅 낯선 남자의 손에 이끌려 정처 없는 길을 헤매다 가슴이 해지고 살갗이 벗겨지는 고통의 연속이었다. 인정 없는 주인은 까맣게 타들어간 심장이 드러날 때까지 정조를 유린하고 살점을 도려내곤 했다. 주인집 아들은 칼로 위협하며 마지막 남은 그녀의 자존심마저 유린하였다. 그들은 주인 아닌 주인행세를 하며 아무런 죄책감 없이 검게 타버린 심장마저 꺼내어 잘근잘근 씹어대며 예리한 칼날로 해부하기 시작하였다.

 그녀는 현대판 노예, 아니 마루타였다. 그들의 손아귀에서 벗어나지 못한 그녀의 삶은 생지옥, 아비규환 그 자체였다. 손발도 다 문드러져 지문마저 사라지고 정신줄마저 놓아버리던 날 주인으로부터 해방되었다.
 그녀에겐 소원이 하나 있다. 허황된 꿈이나 야심, 흑심도 아니다. 키 작고 못생겨도 좋다. 주인의 진솔한 사죄와 함께 무시로 찾아드는 과거의 환영들로부터 벗어나 푸른 하늘을 향해 마음껏 나래를 펼 수 있는 한 그루 향나무로 귀환하고 싶은 것.

나침반이 살아가는 이유

나는 흔들려야 사는 짐승이다. 미세한 바람결에도 눈썹 휘날리며 달팽이의 끈적한 더듬이로 감각의 행간을 읽어내고, 견우와 직녀가 뿌렸음직한 값싼 샴푸 내음에도 촉각을 세울 줄 아는 나는 갈대의 심장을 지닌 채 이산 저산 방랑의 삶을 살아왔다.

목표점을 향하여 야심차게 돌진하는 전우들처럼 때로는 이성을 잃은 사나운 짐승처럼 남북을 대척점으로 으르렁거리며 흉물스런 몰골을 하고 한랭전선에 둥지를 튼 지 고희(古稀)가 지났다.

사랑에 주린 방향키를 움켜진 서로의 눈빛은 오월동주 되어 등 돌린 채 파르르 경련을 일으키고 있다. 손끝 감각으로부터 전해 오는 은어의 미세한 떨림이 있어 좋다.

아직은 살아 있음에 감사하며 마지막 숨을 헐떡인다. 언제일지 모르는 그날을 위하여 삶의 끈을 놓지 않고 가냘픈 어깨를 추스리며 바람에 살포시 기대어 본다. 아직은 생명의 미세한 떨림이 있다.

아! 하고 나는 탄성에 가까운 안도의 숨을 토해낸다. 내일을 기약할 수 없는 부도수표 같은 인생을 담보로 통일의 그날을 위하여 값비싼 하루하루를 가불하고 있다.

출발선이 있다면

사랑에도 100미터 달리기처럼 출발선이 있다면,
이처럼 억울한 사랑은 없겠지요.
부모는 자식을 기다리다
자식은 부모를 기다리다
꽃도 피우지 못한 채
상사병에 걸려 죽을 일도 없겠지요.

죽음에도 100미터 달리기처럼 출발선이 있다면,
자식이 부모보다 먼저 가는 억울함으로
부모 가슴에 대못질하는 서러움은 없겠지요.
사당동 밤하늘에서 이유 없이 사라져간
억울한 샛별은 없겠지요.

진도 팽목항에서
미끄러져 들어가는 배만 쳐다보며 불구경하듯
발만 동동 구르다 스스로 산화하는 아픈 가족은 없겠지요.

서로 만나지 못해 그리움의 열병을 앓다가 스스로 산화하는 상사화는 없겠지요!

아빠의 편지 1
― 청석공원에서

안녕! 별아 울고 있니?

 네가 어릴 적 엄마손 잡고 다니던 청석공원에도 찾아가보았다. 비둘기와 즐겁게 놀던 너의 모습은 보이지 않더구나. 오후엔 네가 학교를 마치고 늘 오던 매곡초 앞 슈퍼에도 가보았단다. 네가 좋아하던 무민 인형만 덩그렇게 앉아 있더구나! 오랜만에 매일 오가던 중앙고 운동장에도 들러 차를 대놓고 너를 한참이나 기다렸단다. 기다리다 지쳐 핸드폰을 몇 번이나 울렸는데도 받지 않고 대답이 없어 발길을 돌리려는데 네가 앉아있던 등나무 벤치가 발목을 잡고 놓아주지 않아 혼났단다.

 사랑하는 내 딸 샛별아! 네가 기숙사 통금에 걸려 못 들어간 M대 생활관 기숙사 방에도 너를 보러 찾아갔어. 네가 가장 사랑하는 친구 은선이와 윤지, 춘자샘. 그리고 친구들 몇 명과 엄마, 아빠, 그리고 꿈에도 있지 못하는 사랑하는 동생 은별이 이렇게 찾아갔어. 애타게 불러보았지만 넌 대답이 없더구나. 뮤지컬배우로서 꿈을 펼치던 서초동 문화예술회관과 사당동 연습실 지하층 근처와 네가 이승의 문턱을 넘던 지아 언니의 3층 옥탑방도 찾아봤지만 넌 흔적 없이 사라졌어. 봄날 햇빛에 사라진 영롱한 이슬방울처럼… 중앙고 시절부터 만화동아리를 좋아하지 않았니? 대학생활관 옆 그림패 만화방동아리에도 찾아가서 불러보았지. 밤늦도록 이곳저

곳 찾아보았는데도 네 모습은 어디에도 보이지 않고 메아리만 돌아왔지! 어제 밤에 무심히 내린 궂은 비가 창문 틈으로 슬프게 우리를 쳐다보았어.

  사랑하는 내 딸 샛별아! 오늘도 아빠 숨 쉬지 못할 정도로 아빠 배를 깔고 앉아 장난쳐 보렴. 레슬링하듯 눌러보렴. 화나면 째려보고 깔깔거리며 웃어봐. 화났니? 너의 무표정한 모습은 싫단다. 이젠 네가 배 위에 깔고 앉아 있어도 왠지 무겁지가 않구나!

  별아! 오늘은 화장이 너무 짙어. 먼 길 간다고 입술 화장까지 짙게 하고 얼굴은 그게 뭐냐? 누가 보면 시집가는 줄 알겠다. 냇물처럼 맑고 하늘처럼 순수하던 네가 오늘은 좀 치장이 과했구나! 춘자샘! 보면 회초리감이다. 엄마가 곁에서 자꾸 뭐라고 하잖아? 그러나 별아! 걱정 마, 아빠는 화장 짙게 한 너의 모습 미스코리아보다도 더 예쁘단다. 마지막 먼 길 가는데 화장 예쁘게 하고 가야지 그치? 별아! 그런데 너무 어른 흉내 내지마. 어른들이 따라주는 성급한 막걸리 한두 잔이 술 못하는 너에겐 마약 같은 독약이야. 못 먹는 술을 어른들이 준다고 마구 받아 마시면 어떻게 해! 바보처럼. 시답잖은 어른들의 흉내놀이에 너는 영원히 돌아올 수 없는 요단강을 건넜구나! 이 모두는 못난 아빠의 탓이란다. 어른들로부터 너를 보호하지 못하고 오늘 용인 평온의 숲에서도 그래,

뜨거운 불가마 속에 철부지 아이처럼 겁 없이 들어가고 있는 너를 만류하지도, 구할 생각도 못한 채 강 건너 불구경하듯 쳐다만 보고 돌아왔단다. 별아! 하늘나라에 가서도 못난 이 아빠 절대 용서하지 마라. 사랑하는 딸아! 아빠의 목소리가 들리니, 잘 안 들리면 발이라도 움직여보고 여린 손이라도 까딱해 보거라. 아니 눈꺼풀이라도 한번 껌벅여 보려무나. 오늘은 표정도 없고 말도 없구나. 못난 이 아빠에게 단단히 화가 났는가 보구나. 그래 지켜주지 못한 이 아빠 용서하지 말거라.

 오늘은 청석공원에 갔다가 너만 혼자 떼어놓고 오려는데 발걸음이 무겁더구나. 울면서 네가 따라오려는 걸 겨우 달래서 떼어놓고 왔다만…, 별아! 엄마, 아빠, 사랑하는 네 동생 은별이와 맛있는 것 만들어 가지고 종종 놀러갈게. 그림패만 화방 동아리 친구들과 뮤지컬 언니들, 한국작가 동인들, 그리고 사랑하는 친구 은선이랑 예지, 수정이, 그리고 네가 좋아하는 춘자샘, 지민샘, 지은샘도 같이 갈 거야. 기다려줄 거지?

 그럼 샛별아 기다려. 보고 싶다고 너무 울지 말고…. 너 벌써 숙녀잖니! 그러면 예쁜 화장 지워지잖아. 안녕!

아빠의 편지 2
― 이천 명동시장에서

별아!
오늘은 오랜만에 너의 차가운 손을 잡고
네 온기가 채 가시지 않은 시장 골목
이곳저곳 발자국 따라 돌아보았단다.

아이크림 가게도 들르고
옷가게 신발가게 몇 곳도 들러서
네가 좋아하는 신발과 청바지도
사이즈에 맞게 몇 벌 고르고……

요즘 부쩍 TV에서 한파가 심하다고 해서
털이 보송보송한 폴라티와 쉐터를 마음먹고 골랐단다.
얼마 후
뒤를 돌아보니 네가 갑자기 보이지 않더구나!
하마터면 112에 신고를 할 뻔 했지 뭐냐!

요즘은 기억력이 예전 같지 않구나!
사랑하는 동생과 엄마, 그리고 못난 아빠
실성한 사람처럼 계산대만 빙글빙글 돌다 돌아왔단다.
별아! 그래도 엄마, 아빠 흉보지 않을 거지?

대나무를 보며

당신의 꿋꿋한 절개를 보면
고개가 절로 숙여집니다.

관절이 유난히 많아
밤마다 통풍으로 뼈마디가 쑤시고
거식증에 주린 배 움켜쥐고

으스스 찬바람이 돌때면
십 수년 내공으로 들려오는
청아한 대금 소리, 단소 소리

새벽바람에 서슬 퍼런 기세로
아침을 여는 당신은 어머니!

하늘고기

애인의 달콤한 유혹에도 흔들리지 않고
친구의 달콤한 사탕발림에도 흔들리지 않는
초롱초롱한 밤하늘의 은하수가 되고 싶다.

슬픔의 눈물로 넘쳐나지 않고
이별의 고통으로 마르지 않는
화수분 같은 호수가 되고 싶다.

차라리
빠지면 헤어나지 못하고
천년만년 갇혀 사는
파미르고원 불룬쿨 호수의 하늘고기가 되고 싶다.

그루터기

바람의 아들로 태어난 죄로
어린 떡잎은 거목으로 자라 벌목의 형벌을 받는다.

극형을 언도 받은 울퉁불퉁 핏대선
등걸의 지문에선 아버지의 하지정맥이 흐른다.

당신의 검푸른 피는
거칠고 굴곡진 삶의 여울을 지나 재활을 꿈꾸고

지난 삶에 대한 원망도 미련도 쓰나미처럼 지워버린 채
뭉게뭉게 피어오르는 운지버섯 몇 송이 아버지의 검버섯
으로 자라고 있었다.

손님

손님에도 블랙리스트가 있다.
반가운 손님과 불청객

백년손님처럼 버선발로 맞아야 하는 손님도 있지만
노크도 없이 무례하게 찾아오는 불편한 친구도 있다.

무색무취 무형의 존재로 투명인간처럼 찾아왔다 사라지는
초대받지 않은 손님-- 신종플루, 코로나19
블랙리스트 0순위다.

세상에 초대받지 않은 손님 어디 이뿐이랴!

세상엔 초대받지 못한 자, 초대받은 자 밀월여행 중…

슬픈 호수

일상에 지친 마음을 씻어주는
맑고 푸른 호수 오침을 즐기고

물새 떼 물고기 벗 삼아 숨박꼭질
가을산은 호수를 배경으로 셀카놀이

호수는 마음 넉넉한 친구
겉만 보고 친구를 사귀지 않고
관심법으로 친구를 꿰뚫어 보지도 의심하지도 않는 착한 친구

그러나
한번 빠지면 헤어나지 못하는
그대의 맑고 투명한 눈은 나를 눈멀게 하는 슬픈 호수

아버지의 자화상

　찬바람이 돌기 시작할 무렵이면 굳게 잠겼던 서대문 형무소 같은 곳간 문이 열리곤 한다. 무장군인처럼 급습하는 햇살에 어둠은 풍비박산 꼬리를 감추고, 어둠이 밀물처럼 빠져나간 뒤 피난민들의 유품 같은 먼지 앉은 가전도구들이 하나둘씩 깊은 잠에서 깨어나기 시작했다.

　훈장처럼 달고 있는 검푸른 주름살만큼이나 연륜을 가진 질화로 한 점 그는 안방 터줏대감 몫을 톡톡히 해냈다. 서릿발 내리는 아침부터 저녁까지 온 몸으로 가족을 지켜온 든든한 방패막이었다.

　혁명군처럼 기세등등하던 당신이 제2선으로 물러난 건 당신께서 시름시름 앓던 어느 가을. 세월이란 거풍에 창고 한 켠을 외롭게 지키는 파수꾼이 되었습니다.

발자국

발자국은 살아있음의 영역표시
평생을 수렁과 가시밭길 마다않고
머나먼 여정길에 불평 한마디 없는 당신

발자국은 지울 수 없는 삶의 주홍글씨
한 곳을 바라보며 살아가는
눈먼 사랑의 인연으로 시작된 당신과 나

당신은 나의 영원한 아바타

흔들리는 나무

바람 한 점 없이 고요하다.
움직임은 곧 반란이다.

바다와 강의 수평선도 고요하다.
건너편 지구의 지평선도 갈참나무도 고요하다.

지축이 흔들린다.

너를 본 순간

꽃다움

꽃이라고 모두 아름다울까!
꽃이 아름다운 이유는
꽃다운 모습을 지녔기 때문이다.

꽃이라고 하여 모두 향기로울까!
꽃이 향기로운 이유는
꽃다운 향기를 지녔기 때문이다.

꽃이 아름다운 이유는 꽃답기 때문이다.
인간이 사랑스런 이유는 인간답기 때문이다.

꽃

누군가의 화병에 꽂히기 위하여 태어난 꽃은 없다.
꽃은 홀로 피어도 외롭지 않고 황홀하고 아름답다.

꽃은 등위도, 순서도, 차별이란 외계어도 없다.
꽃은 욕심도, 질투도, 다툼이란 경쟁어도 없다.

너도 나도 마음을 비우면 아름다운 꽃이 된다.

아버지의 손

눈으로 사랑을 배우고
가슴으로 사랑하는 법을 먼저 배우셨던 당신
반가움에 알사탕 한 봉지
후한 인심으로 풀어놓고
허겁지겁 사탕 한 알 가시처럼 걸렸네.

병원이라곤 가본 적 없는 당신
굽은 허리 번쩍 펴고
박쥐처럼 매달린 손주 녀석
등짝 한 번 후려치니
값비싼 여의주 한 알 또르르 반짝반짝

그날은 당신의 두껍손이 히포크라테스 손처럼 커보였다.

아버지의 지게

아침마다 달빛으로 새벽을 열던 당신
나무장사로 이력이 난 당신은
나뭇짐 무게보다 더 컸을
가족의 생계가 거머리처럼 붙어 떨어지지 않았다.

당신의 지게 위에선
항상 달콤한 머루, 다래가 가을잔치를 벌이고

어느 날 당신은 빈 지게로 돌아와 헛간을 지키는 파수꾼이 되었다.

아버지의 달력

아버지의 달력에는 새벽바다가 산다.
불면증을 앓던 아버지의 밤은
어둠이 썰물처럼 빠져나가고
허연 포말이 이빨을 드러낸 채
요동치는 밤바다에 써레질을 시작한다.

아버지의 달력에는 법정 공휴일이 없다.
바다 위 부레옥잠 수상가옥으로 들여놓고
팔딱이는 하루, 하루의 아가미를 틀어쥐고 어화둥둥 두둥실,
손꼽아 기다리는 아내와 자식들이 황포돛대 끝에 그네를 타고
저물녘 갈매기 노랫소리는 삶의 우수리.

아버지의 달력은 멀티플레이어.
보고픈 사람, 그리운 사람 스멀스멀 떠오를 땐
60년대 LP판으로 돌려보고
불행했던 과거, 지우고 싶은 과거 토악질할 땐 지우개가 되고
풀리지 않는 물음표 인생 포맷은 덤이다.
고희를 넘긴 아버지의 바다는 태풍 매미의 덕에
오일장 찾아가는 장돌뱅이 신세가 되었다.

요즘도 심심찮게 아버지의 달력에는
게가 비슬비슬 눈치 보며 걸어 나오고
눈먼 망둥이가 분수 모르고 날뛰다가 훌치기도 당하고
어느 날은 꼴뚜기가 꼴값을 떨다 손님상에 오르기도 한다.

아버지의 철지난 달력 너머
괘도를 이탈한 게 한 마리
학꽁치 한 마리 저녁 찬거리로 손질하고 있었다.

산소 가는 길

화전(花煎)이 생각나는 계절의 길목

누이 닮은 구절초 꽃도 예쁘다.
할머니 닮은 할미꽃도 귀엽다.
두견이 생각나는 진달래꽃도 아름답다.

이 꽃 저 꽃
모두
아름답지만

다소곳이 미소 짓는 당신은 꽃 중의 꽃이랍니다.

제3부

화합과 미래

시침론
―고산 윤선도를 그리며

시침 뚝 떼고
한세월 살다보면
하루하루가 게임의 연속,
카오스 밤.
새삼 퍼즐이 낯설다.

닳고 해진 두루마기 시침질하여
격랑의 바다를 헤치고
대쪽 같은 성품으로 정도를 걷던
범접할 수 없는 높은 산
독야청청(獨也靑靑) 고산(孤山)이 그립다.

문득,
똑딱똑딱 시침 가는 소리
귀를 열고 돌아보니
동천석실 글 읽는 소리
세연정 물빛으로 반짝반짝 세상이 환하다.

지조(志操) 높은 고산의 딸깍발이 정신
지고지순(至高至純) 애민정신(愛民情神)
오늘도
보길도 해변 몽돌로 마주 앉아 장군 멍군.

이팝 찬치

오월 하늘에 펄펄 눈이 옵니다.
어느 귀하신 분 고희연이기에
형형색색 카드섹션을 벌이나요!
목련꽃 환한 등불
청사초롱으로 달아놓고
까만 밤하늘엔
별들이 축포를 쏘아 올립니다.

밤잠을 설친 아이들의 투정 속에
길게 도열한 이팝나무
새로 부임한 교장선생님 맞이하듯
푸짐한 잔칫상 차려놓고 손님을 맞이합니다.

펑펑
이집 저집 뻥튀기 기계 소리
톡톡
지천으로 널린 이팝 풍년

배고픈 길냥이도 초대 되고
70년대 보릿고개 비웃듯
꽃잎들은 희희낙락

인심 좋은 고수레
반갑다고 야옹야옹
오월은 천고묘비(天高猫肥)

소금꽃

한여름 개펄에 흰 눈이 펄펄 내리고 있다.
작렬하는 태양의 입김으로 바닷물을 삼켜버린 채
염부의 건강한 땀과 눈물이 승화되어 숨두부로 피어오르는 순간
8년 전 의문사로 밤하늘의 별이 되어버린 딸아이,
7년 전 세월호 사건으로 갈매기가 되어버린 아이들,
등록금 안 준다고 삐쳐 가출한 막둥이 아들,
옆집 총각에 눈맞아 밤이슬로 사라진 아내,
각종 폭력과 성폭력에 시달려 별이 된 사람들
부도난 각본 없는 드라마 한 편이 60년대 영사기로 탈탈 돌아가고 있었다.

소금꽃을 눈물꽃이라 했던가.
눈물을 비하하지 마라.
흘리고 싶어 흘리는 눈물이 어디 있으랴!
비난은 사치다. 아니 공허한 인간의 언어는 사치다.

소금꽃에서는
아버지의 진한 땀 냄새가 난다.
누이의 분 냄새가 난다.
오롯이 동생의 등록금을 만들기 위해
앞길 창창한 누이의 시퍼런 인생을 담보로
소리 소문 없이 소금꽃을 피워냈다.

풀리지 않은 인생의 숱한 부호
서슬 퍼런 밤바다에 별꽃으로 내리고
오늘도 하이얀 소금꽃을 피우며 내일을 향한 버퍼링중이다.

형광등

시장 한 구석 웅크린 채 손님을 맞고 있는 그대는 비단고을 5일 장에 텁텁한 막걸리 한 사발에 빛을 발한다.

인심 좋은 우수리와 덤이 오가고 소통으로 타협할 줄 아는 그대는 장터마당의 마음씨 좋은 호객꾼이다.

약육강식의 정치판처럼 첨예한 대결의식이나 승부사의 기질은 없지만 사리에 그리 어둡지 않은 품성을 지니고 있다.

누군가는 그를 답답하고 아둔하다고 늘 불평불만이지만 모나지 않은 둥실 둥실한 그의 성품이 좋다.

남보다 앞서려고 경쟁하지도, 앞자리 앉으려고 눈치 보는 나리님도 아닌 그는 대처승이다. 어둠이 짙어오면 하나 둘 형광물질 빛을 발하며 밤새 어두운 세상에 광명의 보시를 베푼다. 1등 아니면 패배라 생각하는 성질 급한 사람들은 사리에 밝지 못한 그를 형광등이라고 비웃는다.

세상사, 종종 기억하고 싶지 않은 일들 깜박 깜박 잊고 사는 나는 행복한 형광등이다.

블랙보드

밤늦도록 혼술, 혼밥을 좋아하는 그녀는 외롭지 않다.
피부가 검다는 이유로 친구들로부터 외면당한 채
이방인으로 살고 있는 그녀

아이들의 고함 소리와 폭풍의 미세먼지 속에서도
의연히 자신을 지켜낼 줄 아는 그녀는
사각의 링에서 푸른 멍과 상처를 훈장처럼 달고 산다.

오롯한 반항 한 번 한 적 없는 숫기 없는 그녀는
바라만 보아도 눈물이 나고
살결만 스쳐도 숨 막힐 것 같은 연인이다.

먼발치 발자국 소리만 들어도
까무잡잡한 그녀의 뒷모습만 보아도
가슴 설레는 첫사랑 연인이다.

오늘도 상아탑 그늘 아래 비밀연애를 하고
황사비로 쏟아지는 세상의 비난을 온몸으로 막아내고 있다.

시 험

가슴이 콩닥콩닥 불안함이
수술대 앞에 선 환자의 마음이다.

맞선 자리에 선 처녀 총각처럼
이유 없이 초조하고 설렌다.

알량한 지식과 양심을 벗김질 당하고
육체를 무장해제 시키는 점령군이다.

시험은 피할 수 없는 삶의 엑스레이

시계(時計)의 관점

'재깍 재깍' 숨 넘어갈듯
돌아가는 초침을 보노라면
삶에 버거워 힘들게 살아가는 초침(憔沈)한 친구가 생각난다.
직장 없는 친구 그렇다.
집 없는 친구가 그렇다.

새침한 분침을 보고 있으면
분칠한 여인네의 알 수 없는 분침(氛祲) 같은 속마음이 궁금하다.
애인도 그렇다.
인생도 그렇다.

표정 없는 시침을 보고 있노라면 시침 뚝 떼고 한세상 살아가는 못된 친구가 생각난다.
사기꾼이 그렇다.
보이스 피싱범이 그렇다.

* 초침(憔沈) : (의기나 기운 따위가) 파리하고 침울하다
* 분침(氛祲) : 바다 위에 낀 아주 짙은 안개

이방인의 하루

고향을 그리는 이방인들이
판자촌 비탈길을 탈탈거리며
경운기 숨소리로 오르고 있다.

여명이 채 밝기 전
밤새 속 끓이던 그리움
24℃ 알콜 물안개로 피어오르고
두껍 손 닮아가는 육신은
낯선 공업용 미싱으로 돌고 있다.

60년대 우리네처럼 손가락이 잘리우고
쥐꼬리 만한 월급봉투마저 저당 잡힌 채
침묵으로 일관하던 말 못할 서러움
안으로 안으로 곰삭여
결국 터져나오는 건
훈장처럼 따라다니는 불법 체류자

외로움의 끝물로 시작한 동거생활에
가을날 포도송이처럼 주렁주렁
호적 문턱 한 번 가지 못하고
아비 어미 없는 자식으로
고아 아닌 고아가 된다.

생채기 진 그리움과 서러움
조각
조각
색동으로 기워 내어
망향의 애드벌룬으로 띄워나 둘거나.

살아있다는 것은

살아있다는 것은
보고 싶을 때 볼 수 있고
헤어지고 싶을 때 헤어질 수 있다는 자유

살아있다는 것은
웃고 싶을 때 웃을 수 있고
울고 싶을 때 울 수 있다는 자유

살아있다는 것은 너와 나의 교집합

산다는 것은

보이지 않는 안갯길을 홀로 헤쳐 나가는 것
미래에 두려움과 걱정을 담보로
힘들면 멈추어 서고
세상 돌아가는 이야기 하면서
빗물이 눈에 들어가면 실컷 울어도 보라
남의 눈 의식치 말고 발자국 남기면서 걸어도 좋다.

세상의 걸림돌 개의치 말고
때론 느린 달팽이 걸음, 게걸음, 뒷걸음도 좋다.

인생의 종착역에 1등이란 없다.

풀벌레 소리

귀 기울여 듣지 않으면
닿지 않는 너의 목소리
마음으로 들어야 아름답다.

관심 갖고 보지 않으면
볼 수 없는 너의 모습
사랑의 눈으로 보아야 아름답다.

귀가 있어도 듣지 못하고
눈이 있어도 보지 못하는 나는
별나라의 외계인이다.

옷걸이

그녀는 늘 외롭다
외출 한 번 해본 적 없는 그녀는 현모양처다
아침마다 넥타이에 정장 배웅길
퇴근 무렵 문지방의 망부석
기다림에 지친 그녀는 나의 또 다른 애인

나도 몸매 좋은 누군가의 옷걸이로 살아보고 싶다.

섬

개나리, 진달래
시샘하는 볕 좋은 봄날
아내와 딸 온가족 봄나들이

T-익스프레스, 독수리요새
정신없이 이곳저곳 날다보니
뉘엿뉘엿 넘어가는 저녁노을

문득 놀라 돌아보니
보이는 건 운무 가득한 하늘길
하얀 설원 홀로 백발로 서 있네.

뭉게구름

답답한 마음
우울한 마음
양떼처럼 몰고 가
네 곁에 풀어놓고

유유히 날고 있는 비행기
살포시 쪽문 열고 내려가
은빛 설원 친구삼아
도란도란 애기꽃 피우며

고민거리
걱정거리
밤새
속 허연 누에고치로 풀어내고
석양녘 훨훨 나는 한 점 구름되었네.

목엣가시

어린 시절 목에 가시가 걸렸던 생각이 난다.
나뭇짐을 내려놓고 목에 걸린 생선가시를
시원하게 빼주시던 투박한 아버지의 손

그립다
보고 싶다
낯선 외침 메아리로 돌아오는 아버지!

목청껏 뽑아도 뽑아도 목엣가시로 남아 있네.

마지막 잎새

애정표현이 서툰 것도 죄가 되나요.
사춘기 갓 지난 딸아이의 고사리 손
용기 내어 잡았는데 마지막이 되었네요.

살을 에는 듯한 혹한에도 숨이 턱턱 막힘은
살아서는 고칠 수 없는 고질병이라네요.
저승에서 고칠 수 있는 병이었음 좋겠어요.

이승과 저승 문지방 건너 사이라는데
서로 외롭지 않게 아침, 저녁 문안인사 드려요.

타임머신

나에겐 말 못한 비밀 하나
검버섯처럼 자라고 있다.
8년 전 수능시험일
수능격려 행사 후 학급에 들렀다.

시야에 들어온 것은 벽에 걸린 시계였다.
멀쩡한 시계가 거꾸로 돌고 있었다.
미심쩍어 몇 번이고 건전지를
다시 갈아 끼워도 소용이 없었다.
한번 거스르기 시작한 시간은 멈출 줄 몰랐다.

미스테리였다. 불안한 하루였다.
성당을 다니던 아내는
딸아이 사고 며칠 전부터 마리아상이
피눈물을 흘리는 것을 보았다고 했다.

다음날 새벽 딸아이는 거꾸로 가는 시계처럼
돌아올 수 없는 길을 떠나고 말았다.
피할 수 있는 사건이었다.
가장 후회스런 돌이킬 수 없는 지난(至難)한 하루였다.

  문득
  이승과 저승은 주파수 차이라는 어느 보살의 말이 불현듯 생각났다.

교실 풍경

올망졸망
쳐다는 별꽃에
나는 포로가 되고

옹기종기
모여앉아 툭툭 뱉어내는
조팝꽃의 투정은 나를 눈멀게 하네.

반짝반짝
지혜모아 스토쿠 게임

초롱초롱
눈빛 모아 눈치 게임

나는
무대 위 어릿광대

당신은
손 내밀기 어려운 나의 짝사랑

제자의 눈물

'담임선생님이시지요.
잠깐 오셔야겠습니다.'

자정 너머 들려오는 전화벨 소리
차가운 새벽공기를 가른다.

눈을 못 맞추는 어색한 만남에
시간은 뒷걸음질 치고

'선생님! 죄송해요.'
눈물짓는 제자의 눈빛 너머로
반짝반짝 새벽별이 빛나고 있었다.

시련은 성장의 신경통이다.

제자의 거짓말

'선생님! 저 빠져죽고 싶어요.'
심각한 모습으로 나타났다.

'애야, 그러면 안 돼.'
'살다보면 궂은 날 좋은 날 있는 법이야.
한 번 뿐인 인생 힘내서 살아야지.
인생은 누구나 고행길이란다.'

주저리주저리 인생철학을 토해 내고
돌아서며 토닥토닥 등을 두드려 주었다.

등이 시렸다.

선생님! 선생님의 눈에 빠져죽고 싶다구요!

허허!
오늘이 만우절이란 사실을 까맣게 잊었다.
하루하루의 기억력이 썰물처럼 빠져나갔지만 행복한 하루였다.

착각이 낳은 오해

엄하고 잔소리 많은 어머니는 항상 어머니인 줄 알았다.
무뚝뚝하고 근엄한 아버지는 항상 아버지인 줄 알았다.

어린 시절
엄마 아빠는 변하지 않는 고생대 화석쯤으로 여겼다.
엄마 아빠는 젊음도 늙음도 없는 화수분 단지쯤으로 여겼다.

얼마 후
나이가 당신만큼 되었을 때
흰머리가 당신만큼 늘었을 때
당신도 누군가의 아들, 딸이란 것을 알았습니다.

어느 순간
주변머리 없는 머리엔 새치 아닌 백치가 자라고 있었습니다.

네잎클로버

복권방에서 복권을 긁으며 요행을 바라고
떴다 부동산에서 당첨을 바라며 인생역전을 노리는 우리

인생의 소풍길 보물찾기
'네잎클로버! 꼭꼭 숨어라
머리카락 보일라'

네잎클로버에겐 공소시효가 없다.
발각 즉시 교수형!
아침이슬로 사라지는 그대! 80년대 친구를 닮았다.

행운이 때론 불행이 됩니다.

가을 도서관

형형색색 아름다운 사연의 주인공들이
삶의 바코드 하나씩 달고 자연의 정원에 입고(入庫)됩니다.

가을은 자신만의 보호색으로
파일럿, 나비, 새가 되기도 하는 계절의 카멜레온입니다.

샛노란 은행나무와 볼 붉은 산수유나무의 알알이 맺힌 사연들이
쓸쓸한 벤치 위 서고(書庫)에 먼저 쌓입니다.

낭만을 즐길 줄 아는 캠퍼스 위 벚나무와 느티나무는
미학도(美學徒)들의 따스한 손길에 색동저고리 곱게 입고 나들이합니다.

이역만리(異域萬里) 두고 온 연인 그리워
오매불망(寤寐不忘) 까만 밤을 불태워버린
이국향 물씬 풍기는 새침떼기 메타세콰이아의 사랑이야기,

교정을 떠도는 서글픈
스트로브 잣나무의 미완성 교향곡
사랑의 결실을 맺지 못한다는 괴소문에 가슴 시린 사랑이야기,
교정(校庭)을 호령하던 대왕참나무

청운(靑雲)의 꿈을 품고 도회지로 떠난 막내아들이 그리워
　지금도 가을이 오면 피눈물을 뚝뚝 흘리며 살아간다는 애절한 이야기,

　담장 너머 기웃대던 얼굴 붉힌 담쟁이덩굴, 핑크빛 단풍나무의 사랑이야기도
　올 가을 신간도서로 입고(入庫)되었습니다.

　빨주노초파남보!
　각기 다른 향그런 이름표를 달고
　이현의 교정(校庭)엔 가을 도서관이 열렸습니다.
　출고(出庫)를 기다리는 가을 신상들이 만국기로 펄럭이고
　삼삼오오 벤치 위 수줍은 아이들, 가을 단풍으로 곱게 물들고 있습니다.

태평동 사람들

근대화의 쓰나미에 떠밀려 표류한 사람들이
땅에 줄긋고 오순도순 살아가는 별들의 고향
흰 눈이 소복소복 산처럼 내리는 날이면
시상자, 수상자도 없는 무관중 동계올림픽이 열리는 곳

씽씽 달리는 자동차경기장은 아니어도
바위산 같은 비탈길 엉금엉금 밀어주고 당기며
스키, 스노보드, 눈썰매 무한 질주하는 곳

명절이면 찾아가서 인사드리고
심신이 피곤하고 지칠 때면 문득문득
생각나는 고향집 같은 e-푸른 성남

넓고 푸근한 어머니의 품 광주를 떠나
홀로서기 반백년 잊을 법도 하건만
성남, 하남, 송파 장성한 3자매 못 잊어
그리움의 열꽃 가을단풍으로 타오르고

지천명의 나이를 넘어선 광주대단지,
남한산성의 남쪽, 성남
반백의 나이 들어 늦둥이 겹경사
분당, 판교 한 지붕 세 가족 되었네.

별을 품은 사람들의
시간여행

초판 1쇄 발행 | 2021년 9월 27일
초판 2쇄 발행 | 2021년 10월 25일

지은이 | 강 영 일
발행인 | 김 영 만
주 간 | 이 현 실

발행처 | 도서출판 지성의샘
출판등록 | 2011. 6. 8. 제301-2011-098호
주 소 | 서울시 중구 을지로 14길 16-11
전 화 | 02-2285-2734, 2285-0711
팩 스 | 02-338-2722

정가 10,000원
ISBN 979-11-6391-037-4

* 이 책은 성남시 지방보조금 지역예술인창작활동지원금
  일부를 받아 제작하였습니다.